文學叢刊

詩的樂章

楊鴻銘著

文史哲出版社印行

國家圖書館出版品預行編目資料

詩的樂章 / 楊鴻銘著 . -- 初版 -- 臺北市：
文史哲出版社, 民 110.07
面； 公分（文學叢刊：438）
ISBN 978-986-314-563-9（平裝）

863.51 110012003

文 學 叢 刊 438

詩 的 樂 章

著 者：楊 鴻 銘
出 版 者：文 史 哲 出 版 社
http:// www.lapen.com.tw
e-mail：lapen@ms74.hinet.net
登記證字號：行政院新聞局版臺業字五三三七號
發 行 人：彭 正 雄
發 行 所：文 史 哲 出 版 社
印 刷 者：文 史 哲 出 版 社
臺北市羅斯福路一段七十二巷四號
郵政劃撥帳號：一六一八〇一七五
電話886-2-23511028 · 傳真886-2-23965656

定價新臺幣三八〇元

二〇二一年（民一一〇）七月初版

ISBN 978-986-314-563-9 10438

序

為了證明自己也能寫詩，於是選定四季做為題目，正式跨入新詩的領域。平生的第一首詩「春」，改了幾次才定稿；倒是接下來的夏秋冬，幾乎一氣呵成。四季完成之後，工作有如排山倒海而來，逼我不得不放下才剛萌生的興趣，然而這一條可以盡情揮灑的道路，我走定了！新詩比文章更自由、更跳脫，可以聽憑己意而不能脫離文學的形貌；雖然只寫十九首就停了，可是有關新詩的寫作，腦中已經有了清晰的概念。

配合學校上下兩個學期，高中參考書每年都得在二月初及六月底完成，以便趕上學生購讀。二月至六月的時間較短，必須準備的工作較多，所以難有閒空；正值暑假的七八月間，雖然仍有工作，腳步卻可以稍微放緩。就在此時，一位朋友在電話中得意地說，只花一個多月就寫好一、二十首詩了。已經中斷有些時候的我一聽，心中驟然燃起熾熱的火焰，馬上再次提筆。想寫幾行就寫幾行，想如何分段就如何分段；形式完全不拘，字句絕對自由；泉湧的詩緒源源不絕，前後只花一個多月，生平的第一本詩集「詩的行板」出版了。

由於因緣際會，得以看管兩百多坪的宿舍。宿舍前有庭院，後有寬廣的空地，偌大的空間只供一人獨享。因從小就喜歡種花蒔草，於是栽植適合北部氣候的茶花。顏色豔麗、外形多變的茶花，不但花期較長，而且各自不同的品種，開花的時間也迥然而異，只要多種幾棵，就有長達半年的茶花可以欣賞。工作之餘，每天和梅娜倘徉於群花之間；為喜愛的花種、各寫一首詩自然成為一種另類的嘗試；愛花惜花的梅娜，時常會有出人意表的看法；因此我與梅娜並名，寫了「茶花的詩與文」一書。

本來只為賺取貼補家用的參考書，如今竟然成為生活的全部。理想放棄了，人生的規畫走樣了；別人認為挑戰的教書工作，對我來說則是寫書之外難得的調劑。埋首案上的生活一如往常，突然接到一通意外的電話，原來有家出版商，想將我的新詩五首列入教科書內。受此激勵，久已不再湧現的詩緒又蠢動了。以植物、動物、禽鳥及生活做為章節，在短短兩個月裡，完成新詩六十五首，加上先前寫的，第三本詩集「詩的自然組曲」又問世了。本書的末章「生活」，係以日常的國語為主，偶數句的末字一律押韻，唯獨未將介音ㄧㄨㄩ區別開來。

年紀逐漸增長，工作則依然如昔；前年與梅娜商量，讓自己跳出工作的牢籠，狠狠任性地放假兩個月。說好是兩個月，其實前後長達四個月的時間，除了走訪各地觀山看水，大部時間還是都在桌前。人在桌前而不必寫參考書，這是多麼愉悅的事情！

因為時間充裕，所以詩興又大發了。有時早晨醒來，全詩已在腦中寫好了；有時躺在床上，每想好一段就斜倚著身體寫於紙上。起床後先打在 LINE 上傳給梅娜，再請她從電腦列印出來。不妥適者改，需增補者加；如是悠然的生活直到年底，「詩的聲音」一書誕生了。本書計分八行、十二行、十六行、十八行、二十行、二十四行及其他等七章，篇篇用韻，並將含有介音ㄧㄨㄩ的韻母獨立出去，不再與未含介音的韻母混在一起。

經過自我放假的去年之後，除了既有的工作，不再增加。由於疫情的關係無法出國，那就到處走走，反正臺灣美麗的山水很多，何愁無處可去？以前都把眼睛放在高山、放在著名的景點上，急急地去，匆匆地回。現在時間多了，反而喜歡閒逛一些優雅且幽靜的地方：在寂寞公路上體驗什麼叫做孤獨，在新山夢湖飽覽湖水滿溢的湖景，在安農溪畔聆聽溪水與落羽松的對語。能夠有此時光，縱使忙了大半輩子也值得，「詩的樂章」就在這樣的情境裡完成了。我認為詩以四行、六行、八行為段落，詩的樣貌自然鮮明；又，如果能在絕對自由的字句裡押韻，詩讀起來應該更有音樂性吧！不必擔心掉入古詩的窠臼之中；新詩可長可短的文字與全然流暢的語體，就足以活潑通篇的節奏，而呈現出這個時代的特質。

沒有大地照耀的太陽很寂寞，不見草木潤澤的雨水白忙一場，未能帶給人們美感與歡愉的詩文，誰會想看呢？這是我從事詩作的信念。四十五歲才初次提筆，至今詩興未曾稍減；走在新詩的路上，這個世界變得比以前美麗了。起起伏伏的人生、忙忙碌碌的日子任他來去，只要能在繆斯的領地繼續耕植，一切都很美好。因為寫詩，我更喜歡這個世界了！

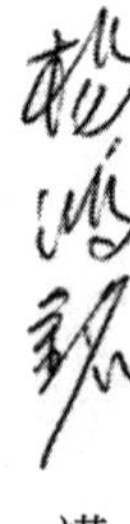

謹識於臺北

詩的樂章 目次

第一章 八行詩

一、冰 河

任掠過雪地的風這樣吹著
在冰河走走悸動從未有過的曾經
以往僅能想像的雪就在腳下
流淌千年的河早已結冰

沒有排空騰躍的洶湧
純淨的視野中只有一種顏色
凜然的寧謐費人猜解
而多端的思緒則在瞬間停格

二、喝茶，在高山上

剛抓取的魚岸上烹煮最鮮美
才採摘的茶廠邊沖泡最清甜
林立的森林一坡連著一坡
高大的山嶺隔著深谷就在跟前

原本活躍的想像無處容身
豔麗的陽光已在大地綿延
茶香隨著微風悠然徘徊
無遮的視野一眼直到天邊

第二章　十二行詩

一、歸　零

美好的今天過了
充滿驚奇的明天還未相迎
時間於今與明的交界點上
歸零

一無所有的空是空靈
什麼都有的靜是靜待
在沒有過去與未來的剎那裡
感覺卻很實在

眼前就是一切

詩的樂章　12

漆暗的夜下可以無窮彷彿
天地的本初隱隱浮現
人間的糾葛已被全數清除

二、藏在大衣裡的春天

春張開惺忪的雙眼
彷彿才自睡夢之中驚蟄
走在冰雪到處著痕的大地上
欲行又止

新綠於枯黃的梢頭躲躲閃閃
田野的小花抬起頭來仰望如痴
原本停滯的小溪雖已潺湲
還是顯得有些疑遲

有氣無力的東風似有若無地吹著
我依然藏身於厚重的大衣裡審視
因為久被寒冬拘縶的心靈
很難一時開釋

詩的樂章　14

第三章　十六行詩

一、天空

白色才能調出各種顏色
空白可以隨心所欲地上彩
即使整片蔚藍的晴空
也時常會有白雲飄過來

白雲是藍天的窗
有雨有雪也會有閃電
窗內的祕密無從得知
窗外的世界隨時萬化千變

有山有河也有飛騰的瀑布

詩的樂章　16

自然的情景每天搬演
詩意篇篇的昨天才剛過去
今日滿天都是危崖峭壁的凶險

如果嫌渺茫的天際線太遙遠了
就讓雲在眼眸中列隊成排
然而頂在幾座大山之上的天
是否有朝也想玩到地面來

二、空　地

陽光喜歡的地方沒有遮擋
月亮也會時常前來散步
空間不大卻是都市難得的空白
彷彿綠洲唯獨不見草木

菱形的鐵網將繁華隔開
粗糙的地面上房子已經拆離
一塊偶然存在的空地
卻使擁擠的街道得以暫時喘息

好奇的眼伴著欣喜東望西瞧
雀躍的情盼望能拖多久就多久
最好還能點綴幾許綠意
讓風雨也願意前來停留

詩的樂章　18

如果僅是遙不可及的幻想
眼前才是真實的生活
只要機器怪手的聲音不響
這裡就是我們的世外王國

三、空檔

發霉的心情需要曝曬
鏽蝕的身體必須打理
苦候雨停的人
是岩下的花是被堵的溪

趁舊雨已停新雨未來的當下
出外走訪
只要才剛穿透雲層的陽光還在
我的心情當然一片晴朗

潔淨的綠草如茵如毯
然而一旦到處蔓延
則與連綿不絕的雨
一樣令人生厭

像無垠沙漠中的綠洲
像高山深壑間的谷地
一隅角落片刻的停格雖然短暫
卻能使生命的喜悅再次燃起

四、兜風

一彎又一彎不停地繞
且隨著驚奇向前去
一站又一站放情地遊
整條路上充滿著期許

不設目標的路到處都是起點
有所期待的景不必刻意尋覓
只要車子還在路上奔馳
誰說前面沒有能讓眼睛發亮的東西

不見盡頭的路無從計較短長
已將俗務擱置者只在乎眼前
自由的人午後自在地逍遙
任憑蜿蜒的馬路沒有人煙

時間已被蒼茫的天色遮掩
距離則因隨興而得以縱橫
我在有山相倚有水相即的路上
兜風

五、緩板

將一次到位的手緩緩地揮
本來剛猛的動作也會變得閒散
把直接踩地的腳輕輕地放
臉上的表情就能逐漸開展

走在人們還未起床的清晨裡
獨自擁有一仄小徑的寂空
我不是來這裡尋夢的
我只想找回一點常被忽略的從容

爆汗淋漓地玩當然痛快
若無其事地要則有舒坦的感覺
在路燈已熄明月仍然高懸的此刻
只是站著就有莫大的喜悅

詩的樂章　24

月下蹁躚的年齡過了
邊走邊思考的習慣不知始於何時
走一小段路寫些許字句
就讓清晨在美好的氛圍裡消逝

六、童話

想把詩的字句拆開
全部灑在肥沃的田野
每天用心地澆用情來護
希望株株都能展開甜美的笑靨

想將五線譜平鋪於草地
讓花瓣輕輕地彈落
一片花瓣一個音符
不久應該就有動聽的旋律飄過

詩愈寫愈多花愈開愈美
還有美妙的樂音不時響起
幼年的夢想其實並未遠離
我就住在童話的世界裡

沒有思緒會在腦中打結
沒有人煙會自眼前行經
沒有聲音會從遠方傳來
只有風常到這裡走走停停

七、想　像

埋下一顆想像的種子
隨時用心澆過
希望將來有一天
也能綻放美麗的花朵

花可以純然的潔淨
也允許多彩繽紛
最好還有幾片翡翠般的綠葉
輕巧地加以托襯

一個下午又一個下午
端起一杯濃郁的咖啡凝視
我捨不得把妳摘下
我要愉悅地讀這一首詩

詩的樂章　28

早晨晶瑩的露水
剛好擦拭妳嬌嫩的容顏
如果風起了
我就會用大衣將妳遮掩

八、木橋

古拙的木橋伸入湖水之中
人在橋上彷彿浮於水面
橋好像一艘小小的船
我想乘著小船航行到天邊

幾近渾圓的湖不必再分東西南北
蒼茫的天空碧綠的湖水沒有聲息
人在船上影於水中同時用力地划
孤獨的船裡並不枯寂

注意安全不要划得太遠
隱隱的岸上淺淺地呼喚參參差差
且把呼喚當做偶而飄過的微風吧
就讓自己任性一次

沒有目標也沒有方向
我在湖上不停地飛渡
低下頭來一看手錶
橋還是橋湖還是湖

九、淺酌

不是舉起杯子裝模作樣
只想淺嚐今年新釀的美酒
並非逢酒酩酊的醉客
而盼享受思想微醺的漫遊

晶瑩的葡萄於金黃的杯中翻滾
翻滾的氣泡浮起歡樂的場景
葡萄於陽光之下開朗的笑顏
如今都在杯裡再一次娉婷

一定裡沒有應該中也找不到
框架之外才能將歡樂尋覓
誰主張誰認爲不如自己的看法
既然都是自己那須時時感到不得已

拿起酒來把景推遠
讓景在酒中也變得輕盈
彷佛置身室內欣賞皚皚的冬雪
雪地突然多了幾許冷冽的溫情

一〇、眷戀

從偶而附著於芋頭的泥土
想見茁長田野之中的情景
用手摳取輕輕地揉碾
久已遺忘的渴望頓時甦醒

是對泥土的眷戀
或隱藏於泥土背後的鄉愁呢
長年住在觸摸不到泥土的都市中
只能盆栽擺置一二自我感覺罷了

任汗水滴在腳下的大地
任陽光把皙白的皮膚熬煎
無機的年少盡情翻滾的曾經
如今都在芋頭之上投影呈現

收成的芋頭不能重新栽種
消逝的時光無法再度喚回
就像正在手上揉碾的泥土
已經逐漸灑落一地塵灰

一一、曾經

——與好友陳中光兄遊角板山有感

曾經彷彿不曾有過一般
當新的曾經疊在舊的曾經之上
已被漫漶的舊的曾經
又與新的曾經來回擺蕩

從前吆喝一聲隨傳隨到
約也不用約想也不用想地自然
只能在記憶之中追尋了
想不到今天能再一次偕遊暢談

在學的日子是快樂的
人生自在無拘的時光其短如夢

可以一起好奇一起遛達的瀟灑
如今只剩一幕幕遙遠的陌生

歲月將人的感覺磨鈍了
距離又把彼此的友誼剝奪
人在芬芳怒放的梅景之中
想的比看的多感慨比歡愉多

一二、隱 者

——寫樂在田野的好友黃憲宮兄

所有的美都可以被超越
除了自然
只要拿起鋤頭
人間的快樂就在跟前招展

不學麻雀呼朋引伴鎮日喧嚷
不屑鷗鳥周旋於灘海之間
掩去一身亮麗的羽翼
僅以並不起眼的渾樸來到人前

橫渡大漠飛越峻嶺穿過森林
他是一隻翱翔天際的鷹

多少曾經業已風光地過了
如今只想徜徉於田間的小徑

他俯視的溪水必然清澈
歇腳的原野一定盎然
入世而不濁於塵出俗而能入於情
只要腳踩大地是非與我何干

一三、陌生人

儘管四下寂寧還是覺得吵雜
喧嘩聲中反而感到孤獨
然而一節彷彿鑽自地底的旋律
微風似地已將所有的落寞祛除

影片僅是一張張會動的圖板
報導如同一則則旅遊的廣告
當我沿著舊牆走進坍圮的城堡
莫名的親切頓時把我擁抱

一樣的路一樣的人一樣的陌生
陌生的人走在例行的路上依然陌生
嚮往的夢境雖然遠在天邊
但我時常會在那裡攀登

乘著旋律飛入音樂的領地
披上色彩漂泊於名畫的國度
昨天今天明天只是一種感覺
此刻才是唯一的豐足

一四、聖誕節

如果覺得彌賽亞太長了
可以聽聽曲中的哈利路亞
如果不慣於望彌撒的嚴肅
那就不思不想地讓頭腦靜一下

我沒有明確的信仰
與宗教也從無特殊的緣分
然而每當聖誕的鈴聲響起
我就有股歡樂略含莊重的興奮

這是一個全球性的節日
只要是歡樂的節日我全都想要
沒有理由大家都在歡慶的同時
獨獨要我面對冷漠的牆角

文化是世人的遺產
文明是我們所處的現在
即使拿尺畫線而想自絕於人
聖誕鈴聲還是會自窗口飄進來

一五、勞動者

任嘈雜的聲音自耳際飄過
讓過往的行人於身上投影
專注的眼神沒有多餘的視線
律動的手腳從來未停

黝黑的膚色將剛毅的臉孔遮掩
粗糙已在身體形成保護的外皮
一鏟一鋤之後還是一鏟一鋤
人彷彿一架不必上油的機器

天氣的寒暑依序更迭
人間的炎涼早已遍嚐
一個工地之後還是一個工地
那有心情在乎明天是否晴朗

一群沒有視線投注的工人
一處必須耗用體力的角落
當臉上擠出笑容走出圍籬時
漫長的一天又已緩緩來過

一六、風雨之中

傘太沉太重了
只帶一顆輕靈的心即可
且將向來緊扣的衣襟敞開
就讓風盡情地吹啊吹的

吹走心頭的煩慮
吹來離塵的快感
在纖細迷濛的雨下
我看到一片怡人的悠然

有時風把雨甩入空中
有時雨被風迎面拋來
迷途的風不知去向
只會在原地嬉戲耍賴

本來染塵的街道已被雨水淨化
兩旁杵立的樹木隨風飄搖
走進風雨為我隔開的世界
我的心只須輕輕地打慢慢地敲

一七、在山坡上

有低吟有怒吼的車聲彼此交錯
有龜速有狂飆的車子來到跟前
我在斜坡的草地上坐著
欣賞來來去去的即席表演

聽自遠而近的聲打破寂靜
看形形色色的車為大地妝點
聊你我熟悉的話題都是家常
忙碌的人卻很悠閒

即使突來的情景打斷了不要緊
剛才的話可以再講一遍
雖然隆隆的引擎干擾也沒關係
得以心領神會的人不待語言

隨意張望即有難得的心境
只是坐著就有興味呈現
何況遠山的稜線清晰可辨
稜線上方的雲優雅地飛向天邊

一八、遊客一景

看遊客正在看的景
聽遊客正在聽的聲
想從他們的視聽發現新的焦點
讓自己於可能遺漏的景裡蹭蹬

也許是好玩也可能是好奇
這是出於並非惡意的諧謔
眼隨著遊客的腳步移動
心則在自然的美景裡雀躍

膚色來處各不相同
然而面對美景的表情卻很一致
如果他們張口說話
歡愉的內容應該可想而知

遊客看著風景
我看正在賞景的遊客
偷窺的嫌疑旁觀的疏離感沒有
我也是一個參與者

一九、一片白雲

鳥自四面八方齊聚而來
排排站著緊緊挨著
像盛開的樹綴滿白色的小花
像初冬的雪呼朋引伴地來了

如果是雪為何並不覺得冰冷
如果是花綠葉怎會紛紛變色
正要坐下來想個清楚
聒噪的鳥聲已將整個天空填塞

不是悅耳而是刺耳
七嘴八舌的鳥聲無孔不入
從前麻雀成群覓食的喧鬧
此刻居然成為令人懷念的音符

突然一陣莫名的騷動
一片蔽日的白雲已在空中飄浮
白色的雲與黑色的影上下相隨
人於又白又黑的幻裡茫然佇足

二〇、訪雪未遇

應該會下雪吧
溫度已經接近了底線
帶著幾許不確定的期待上山
期待能有一些僥倖出現

間歇的雨何時才會變成輕飄的雪呢
氣溫隨著高度遞減
沿途忙著看路忙著看表上的數字
可是始終未能歸於零下的冰點

失望是免不了的但不會太多
視野裝不下的蒼茫費人猜疑
漫天的水氣將染塵的身洗白了
霧裡的人已在邈遠的景中成謎

無人體會的空靈使我覺得寂寞
寂寞的心裡滿是喜悅的孤獨
不待言宣的喜悅從身上散播開來
輕薄的水氣也在空中翩然起舞

二一、坪林傳說——漢斯（Hans Brunner）、紀素玲伉儷的童話故事

像風經常都在身旁
像影隨時跟著身體
淺淺一口即成永恆的記憶
甜美的滋味不容舌尖挑剔

不是信仰卻有堅持的信念
常被買空的架上總是逗人瀏覽
嚐過的喜悅長駐於心頭
想要則是人們美麗的貪婪

與綿亙的山巒溪壑為鄰
鎮日置身於盎然的綠意之間

絡繹的人潮往往不是為了美景
荒郊野外居然成為打卡的熱點

且讓麵包散發愛的氣息
愛已將故鄉的思念淡化了
於坪林邊品嚐邊讚嘆的人很忙
句句都在眼前謎樣的傳說裡繞著

二二、我也看過

沒有趕路的匆忙
而彷彿悠然的白雲
景在腳下不停更迭
人於景中依序探尋

像踩踏雪地的足跡
像淋透陣雨的大地
只用來裝填美好事物的心靈
早已滿溢

樸拙的素描景象卻很深遠
簡單的鉤勒輪廓歷歷分明
意在山水的人不待刻意塗抹
景景自然都在筆下投影

尋常的眼前其實並不尋常
用心的人總是遇見不一樣的谿壑
隨著清暢流轉的字句
我也聽過我也看過我也走過

二三、走進畫中

——陳景容教授的畫作欣賞

是畫中的人物走向跟前
還是畫家隱身於背後的我
千言萬語就在唇邊盤旋
或坐或立卻總覺得有話要說

可以凝視可以沉思也可以參與
清寂的畫面藏著比想像還多的議題
只能在畫裡畫外徘徊的人
一臉驚奇

不用言語表達的意思各有體會
愈能多解的畫作愈深不可測

明明只是一雙清澈的眼眸
誰能猜透她在想些什麼呢

賞畫者對著畫作傻笑
畫中人卻以更厚的面紗蒙著
時間停了空間沒了思緒飛走了
連尋找出口的人也在畫中迷路了

二四、遇見曾經

循著熟悉的滋味
舉起想像的翅膀飛行
當深藏的記憶再次湧動
渴盼的靈魂早已甦醒

疏離的隔閡沒了
有的只是親切的形影
曾經擁有的人
居然還能擁有曾經

如果曾經已成遙不可及的憧憬
緬懷只會惹來幾聲無奈的低嘆
唯有具體呈現的昨日
曾經才能在眼前招展

人世之間美好的事物
總是對我特別地青睞
在今與昔的時空瞬間連結時
現在的我又自從前活了過來

二五、依然年輕

使自己覺得老的
不是對比於我的美麗身影
而是輕輕著於她臉上的皺紋
想不到她也不再年輕

如果人生可以重來
請不必讓我再次年輕
我要將多餘的青春
全數任她娉婷

看自己老了很自然
瞧見她的皺紋卻很突然
原來只應在我身上消逝的歲月
無人能夠遮攔

曾經的年輕過了就好
風光的感覺依然都在心上
如果一個早晨一個嶄新的生命
誰說我們都已年長

二六、點心時間

不一定要吃什麼喝什麼
只想停下來把心情調一調
漫長的下午請切出一點點時間
忙碌的思緒也許可以在此歇歇腳

如果不是句點來個分號也行
待續的工作應該還不致於遲延
生活不能整天沒有自己
趕路的人往往看不見美麗的雲煙

品一口康德哲學家小徑散步的咖啡
嚐一塊莎士比亞雅芳河畔徜徉的甜點
只要是美好的事情
可以一次再一次一天又一天

眺望也好賞景也好聆聽也好
就讓點心時間緩緩地搖擺
即使什麼都不想什麼都不做也無妨
至少可以將步伐慢下來

二七、一條項鍊

——與梅娜結婚三十五週年紀念

在微風輕拂的小徑散步
隨手撿起幾片翩然的詩意
我要串成一條多彩的項鍊
送妳

也許它的顏色太鮮豔了
然而唯有它才能和妳的美麗相配
如果還有幾點白雪來做墜子更好
可是這個季節不給

彷彿來自霧中的女孩
只許歡笑不准有半滴的淚水盤旋

縱使那不知憐惜的沙來亂
我也會把它吹得好遠好遠

請將這條項鍊佩於胸前
陪我一起繼續遠颺
人生雖然到處都有風景
我們卻只想在有情的世界裡徜徉

二八、一彎新月

一彎新月優雅地翹起
如有快樂的事情請和我分享
我要把妳仔細端詳
好讓嘴角也能輕輕地往上揚

像才剛初綻青春的少女
臉上仍有猶未褪去的青澀
只是並不經意的一笑
卻已笑出夜空最美的時刻

我想乘著這艘輕巧的小舟
在無風也無浪的天上起錨
如果昏沉的夜色太暗了
煩請就在一旁的金星來引導

沒有月亮的晚上一片空洞
清輝飄灑的大地又顯得太寂寥
唯有懸著若無其事的曲線一彎
才能在無意瞧見時會心一笑

二九、雨中飛行

——礁溪龍潭湖上飛翔的白鷺鷥

毛毛細雨掉在閃動的翅膀上
是否跌出難忍的低嘆
空中上下拍打的雙翼
是否能將灑落的雨滴輕彈

白色的鳥於迷濛的湖上飛
天與地被瀰漫的水氣填滿了
張力已達臨界的湖面
任你如何用力也前進不得

鳥太小湖太大了
鳥愈飛路愈長

岸上原本翠綠的林木
如今僅是無盡的蒼茫

蒼茫的湖中沒有動靜
只剩兩扇翅膀無力地滑行
彷彿停滯的鳥愈飛愈慢
謎樣的湖早已伸展成景

三〇、一群老人

說什麼都好也什麼都不好
一群老人聚在一個角落
年齡只是數字時間不是問題
整天看雲看樹看著你和我

已成定論的道理彼此南轅北轍
沒有是非的是非爭得面紅耳赤
世上如果還有真理在
那就是仍然依稀記得的堅持

昨日的榮耀逐漸褪去了
今天的時代似乎忘了我
幸好社會還有這一線邊緣
還能容下老人漸行漸遠地樂活

從前的場裡早有新主人登基
舊時的悲喜都收藏於心底
突然操場一聲吆喝傳過來
一群老人又從年輕的自己說起

三一、如風而去

倘能尋得織夢的地方
我將像風一樣遠離
至於無法帶走的是朋友
就把他們留在這裡

朋友的笑聲彷彿陣陣微風
寂寞的所在應該不致於寂寞
眼前的情景儘管有些不同
然而這顆純然的本心從不斑駁

如今熟悉的朋友本來並不認識
對於並不認識的人為何要懷念呢
如果覺得似乎還有那麼一點曾經
何不迎著微風隨口吆喝幾句呢

跑馬燈內的東西反覆呈現
過河卒子的人生只能一路向前移
既已消逝昨天就讓它成為過去
此刻你我的相逢才最值得珍惜

三二、香格里拉

沒有人間的是與非
是非只是莫明來由的懷疑
無需宗教的信仰
信仰只會將你我隔離

你的我的都是大家熟悉的
人人一致何用再要求認同
我思我慮即是你心裡想的
我講我說的道理應該只有一種

時間彷彿永遠停滯的地方
太陽依然朝起而暮落
然而太陽底下沒有新鮮的事情
大家都能過著安心的生活

不必猜就知道不必做就明白
臉上當然堆著一樣的笑容
早安你好只需簡短的幾句話
歡樂的笑聲每天一重又一重

三三、都是風景
——好友蔡秋文兄退休了

一個公司一待就是一輩子
三十八年一晃眼彷佛片刻
如何才能讓公司蒸蒸日上
萬端的思緒中想法只有一個

沒有起點也無終點
隨時周旋於業務的網內使命必達
儘管路上到處都有出口
然而從未慮及其他

有時晴有時陰的職涯遠了
有歡笑有淚水的日子何復多言

輕輕拿起曾經沉重的背包
揮一揮手珍重再見

天空還是蔚藍的
微風早已遠來相迎
舉起長年只在定點聚焦的雙眼
突然都是風景

三四、給愛麗絲

——貝多芬題贈永恆戀人的一首樂曲

明明知道這是一首送不出去的曲子
還是寫了
丘比特不來的時候
只能壓在桌屜中擺著

這分甜甜的澀澀的情愫
看似清淺卻很深沉
或許曲子的味道太淡了
難怪連她也未能得知是假是真

每次演奏結束再熱烈的掌聲
也抵不上她不經意的一句招呼

人人都說他是引導前路的明燈
可是有誰得以照亮他心靈的幽谷

這是一首輕快優美的樂曲
特地採用輪旋的曲式抒陳
當大家沉浸於親切的旋律時
是否也會想起心中永恆的戀人

三五、人生之歌

如果框不住天上的白雲
就讓樹木在身上投影
求真求善求美的年歲雖然過了
至少還能擁有窗前這一片風景

每當秋風輕拂
思緒即與大地的顏色一起繽紛
等到皚皚的冬雪融化了
明媚的春將會依約前來扣門

隨時來去的時光
具體呈現於自然的景物上
只要美好的記憶還在
何必對著逝去的青春感傷

想像未來的人可以無限憧憬
想念自己就能置身於過去的甜蜜
在一縷花香一野綠地一彎湖水中
都能看見美麗的自己

三六、任意西東

天因爲夠高自然空曠
雲由於無根顯得縹緲
有終點就有盡頭有圍籬就有限制
了無負擔的人當然逍遙

甩開認知的制約給雙腳全然的自由
沒有抵達之後的失落
沒有無景可賞的遺憾
熟悉的地方比原本的感受還要多

悠閒地在茫然的人海裡漂
我像浮萍一樣地任意西東
理智不再主導的時候
所見所聞與平常大不相同

攀爬一座還有一座等著才有興味
放眼視線之外才有景深可期
走在這條猶如詩句可以多解的路上
處處驚喜

三七、寂寞公路

——在雙溪牡丹村往九分瑞芳之間

沿著稜線蜿蜒的路
有山有雲還有滿眼的綠意
人靜靜地來又悄悄地走了
謎樣的景裡一片淒迷

柳暗花明的興奮沒有
只見遠山相依相隨的熟悉
一個轉彎一個曾經
彎轉得再多山卻始終不棄不離

一個眼神什麼都說了
一出聲所有的意趣即被消弭

寂寞的人在寂寞公路上並不寂寞
千言萬語老早都講在心裡

寧謐的山頭有霧繚繞
來時的路上無影無跡
雲愈壓愈低腳愈踮愈高
猛然伸手居然把天擎起

三八、合歡山公路

後無來車前無遮擋
藍天如海綠坡如流還有晴朗的陽光
美景當前如果不想遺漏
一雙眼睛只好東張西望

稜線之上的公路高與山平
山隔著深谷忽遠忽近
彷彿伸手可及的山外還有更高的山
唯恐墜落的深谷比想像還深隱

車開得不快卻有乘風的快感
心很輕慢情則逐漸高漲
睥睨群嶺的人顯得更渺小了
渺小的人已將峰壑全數收藏

隨著地勢起伏又伴著美景徙倚
人在合歡公路上最好是走走停停
可惜冰冷的空氣只提供稀薄的氧氣
怎夠讓人連聲頌讚你的名

三九、生命的喜悅

向昨日的世界道別實在矯情
踩於今天的大地卻很歡欣
太陽升起就是新的一天
人在新的一天裡生命煥然一新

一天一個新的生命
彷彿用之不竭的力量源源不絕
可以想像可以嘗試也可以務實
生命就是喜悅

爬到樹上探望猶未誕生的小鳥
也許有些遙遠
然而抬頭看雲在飄看樹梢在動
逐漸沉淪的心也會往上攀援

人生的意義不在於歷經多少凶險
嗅一嗅花香聽一聽鳥啼
只要能走能動能呼吸
活著本身就是一種奇蹟

四〇、在銀杏林中

繽紛的季節多彩多姿
人像蝴蝶於熱鬧的視野裡蹁躚
陣陣喧嘩聲中還好仍有這片銀杏林
才能將撩亂的雙眼沉澱

隨意灑落木棧道上的葉
彷彿閃著光芒的星
伸出手來把它摭拾
結果撿起一片美麗的風景

景中的顏色只有一種
上下全是純淨的金黃
金黃的詩意太重了
連凜人的秋氣也悠然神往

挺拔的銀杏錯落於茶園之間
扇狀的樹葉搧來濃濃的寒意
滿地的茶綠滿眼的杏黃滿天的空茫
還有人在畫中醺然迷離

四一、街頭文學家

以一支筆寫形形色色的人
不擺畫架而在板上放了稿紙一疊
只需花費少許金錢
筆下呈現的影像自然真切

行經的比駐足的多
好奇的比有興趣的多
同樣都以線條鉤勒
為何人們總是喜歡圖象的我

素描彷佛一覽無遺的鏡子
詩文則是有待詮解的抽象畫
如果用眼即能瞧見美化後的自己
誰肯耐心聽人噪聒

收起稿紙走入人群
大家都是有形無心者
一路上聲色奪人耳目
僅供說明的文字可有可無地浮著

四二、夢中的樂音

莫名動聽的音樂
又奇又妙地在遠天盤旋
循著清晰的音符走去
走進一片翠綠的草原

草原上除了草木空無一物
然而聲音仍在遙遠的遠方
抬起頭來滿眼飄渺
樂音彷彿就在雲霧之上

並非巴哈也不屬於莫札特
好像巴洛克還帶一點古典的浪漫
我無法清楚地把它分辨
只能聽任音符一句一句地開展

我想停下身來腳卻一直向前
我想譜寫樂音則響個不停
突然一道耀眼的光芒射過來
樂音停了人也霎時驚醒

四三、遙遠的約定

偶而才會想起
絕大部分的時間裡都把它給忘了
這種似有若無的感覺
想乾脆忘了卻分明於腦中擺著

不是承諾的承諾仍然當做承諾
只是說說的玩笑卻將它視為真的
本來只是一個口頭的約定
卻須耗用整個生命來跋涉

人像一陣被困山谷的風
只能在心中暗自低吼
這是一條沒有鑰匙的鎖鍊
緊緊鎖住有心人的心頭

追求美好的東西總是令人害怕
想遺忘懸念的事物卻捨不得
因為人生如果還有什麼叫做真實
就是那一刻

四四、寂寞的幸運

已被遺忘的幸運
努力地在岩石上發著光
儘管四處悄然無聲
它仍然不停地閃爍搖晃

是人們不再希求幸運
還是大家把幸運都用完了
沒有草木可以滋潤的雨水
誰能不感到寂寞呢

滴下汗珠換取豐收的人
從來不將偶然視為當然
他們相信唯有拿起鋤頭
才能聽到原野悅耳的禮讚

不要抱怨幸運不理你
而是它們根本找不到你
因為即使僅止一牆之隔
好自為之者也不肯把腳向外移

四五、沒有光的晚上

像沒有堤岸的河到處漫流
像不見規範的路無限寬廣
暗將所有的邊線抹去
漆黑的夜下心中一片迷惘

踩著大地不敢隨意舉足
抬起腳來形同浮於海中漂移
清冷的空氣來來去去
置身黑洞的人卻已即將窒息

近在咫尺的聲感覺很遠
遠處的聲彷彿伸手就能觸及
聲與聲應有暢行的大路
可惜暗夜徘徊的人無從沿襲

時間消逝了空間摒除了
沒有恐懼只有失落
一個已被現在遺忘的晚上
連人也失去了自我

四六、一座很小的湖

湖很小水卻很滿
滿滿的湖水將湖景溢出湖外
出乎意料的景都於視野之內
人在湖上心則早已遠甩

悅耳的鳥鳴在這裡也嫌聒噪
無聲的微風只敢溫柔地輕拂
清靜的湖面沒有多餘的東西
只見跨足的木棧道似有若無

木棧道下的湖水波光粼粼
當水勢高漲也會爬到橋上來嬉遊
森林草木請在湖邊投影就好
湖裡的空白只有想像可以逗留

眼在看景比看到的還多
心在想湖愈想愈深泓
拿起筆來輕描淡寫
文字一個個掉進澄澈的水中

四七、山水錯落的湖

非矩非圓的湖有山橫亙
橫亙的山紛紛將腳伸入水裡
山於湖中隨意撒落
湖則即興地在山下漫溢

霧如薄紗的湖上一片輕靈
湖畔的森林將水染成碧綠
霧氣的白與林木的綠上下相映
大地彷彿藏著難解的隱喻

一睹可以看盡的景沒有驚喜
過於渾圓的湖少了發現的樂趣
原來湖不必大而在於變
就像新奇的世界才值得繼續走下去

是湖水依依於群嶺的臂彎裡
還是群嶺爭相博取湖水的青睞
一座隱身於城市邊隅的湖
每天總是不吝將美呈現出來

四八、跨年倒數計時

七六五四三二一
眾人齊聲歡叫
世界整個沸騰
就在這倒數計時的三十秒

澎湃的熱情自口中迸出
無窮的熱力可以任意揮灑
新氣象新希望還有新的未來
人人意氣風發

多災多難的二〇二〇終於過了
昨日的一切彷佛全消逝於無形
今夜十二時正畫下的這一道線
線兩邊應該會有絕然不同的情景

像熊熊的爐火燃起滿室的溫馨
像早到的春天融化冷漠的冰顏
就這三十秒
可以歡樂一整年

四九、現場同步直播

維也納的夜色已漸深沉
盼能如期的新年音樂會居然成真
整條街道有如一座寬闊的舞池
偌大的舞池裡空無一人

應該只是管絃樂團現場演奏的曲子
二〇二一轉由家家戶戶的電視播出
更悠揚更澎湃的旋律齊自窗臺飄起
瀰漫的音符正在空中翩然起舞

由狹窄的音樂廳直向全球各地放送
為限居一隅的世人散播希望的音信
本來因爲疫情權宜的變通
此刻已經成為你我同步歡樂的聲音

華麗依舊又多了幾許相聚的溫馨
貴族氣息少了反而憑添更多的親切
沒有觀眾的演奏卻擁有最多的觀眾
維也納的音樂就是人類最美的世界

五〇、給一個好理由

飄浮於頭上的這片烏雲
怎麼還不掉下來
尤其在早晨
不想出門的人總是有所期待

不下雨至少給一點雨的聲音吧
聽不到聲音何妨透露一些雨的訊息
如果連訊息也沒有就飄來幾朵雲吧
必須出門的人實在不願改變作息

雨是自然而然的現象
下雨是大家都看得見的事實
只為一個好理由
拒絕出門不用再做無謂的解釋

草木盼雨滋潤農作有了水才能豐收
晴空萬里的日子誰能不揮汗淋漓
只需一場續續斷斷的小雨
人們就能理所當然地賴在家裡

五一、如果我是一陣風

你是從那裡來的
又打算要去那裡
這個人類遠古的問題
我很誠懇地請教你

你是優遊四海的浪者
還是匆匆來去的過客
我想隨著你一起
卻唯恐染塵的身體太重了

所有的門窗我都敞開了
這裡可以當做你歇腳的場所
如果不能把我的身體帶走
至少也讓我的心得以解脫

如果我是一陣風
我要將世間的冷暖吹散
人們歡樂的笑聲
應該成為我最美的承擔

五二、如果我是一陣雨

柔細的毛太重了
貓走路的聲音太吵了
如果我是一陣雨
我要斜斜地飄緩緩地落輕輕地下著

雨的世界是詩意的
雨中的人們應該都能吟詠兩句
走在路上如果還得撐傘
美麗的世界就會大半遮去

我是下來陪你玩的
敞開心來不要遲疑
請不用把我當做朋友
我還是要回到遙遠的家裡

遙遠的家其實並不太遠
只要抬起頭來就能看到我的
當你覺得天氣炎熱時
我就會在你的頭上浮著

五三、溫州街上的老宿舍

朱槿與七里香雜植而成圍籬
木造大門的油漆早就剝蝕了
只是虛掩卻有無窮的詩意
彷彿自絕於世人們卻益發不捨

已經消逝的時代仍然杵在街隅
置身屋內的人青春久已不再
時間一路向前
新與舊在此很少往來

逐漸凋零的宿舍古意更深濃了
孤寂的房子於現代的文明裡漂浮
載浮載沉地盛著時代最後的記憶
無聲的吶喊只為喚起一點小小的在乎

美麗的花朵伴著稀疏的車聲綻放
行色匆匆的人行經綠籬依然匆匆
可能消失的綠洲在溫州街上嘆息
臨秋的風裡只有陣陣的寒意相從

五四、淡水老街的英國餐廳

玻璃將車來人往的吵雜隔開
只剩一室清雅輕描淡寫
寬敞的坐位可以大口地呼吸
閒散的氛圍如處於空曠的原野

幾星幾星的米其林沒有
這裡只見英國奶奶烹調的家常
已經相傳幾百年的家常
遊者每天都能來此開心地品嚐

鄰近雖有熟悉的親切
距離卻能產生更多的美感
習以為常如果加入一點新奇
熱情的火苗才會再次點燃

毗鄰淡水教會的餐廳
隱身於今昔交錯的淡水老街上
踩著時光的足跡咀嚼異國的風情
人在逐漸模糊的國界裡緩緩擺蕩

五五、划舟，在路易絲湖

已經入夏的湖水依然清冷
明淨的湖面彷彿一張靛藍的大網
看似靜止的湖水隨著湖潮律動
夢幻不實的美景使人恍惚迷惘

槳起槳落把無瑕的湖面畫破
才被畫破的湖面隨即復原
風來則將湖水縐起
粼粼的湖波自遠而近又自近而遠

狹長的獨木舟橫於湖上
硬將湖面切成兩半
遠望小舟應該有點縹緲
人在舟中反而無限寬坦

岸上的城堡飯店好像遙不可及
低下頭來赫然就在舟前
人在湖裡樹在湖裡城堡也在湖裡
只剩幾聲清脆的鳥語掉落湖邊

第四章 十八行詩

一、老了

我老了
除了能走能動之外我老矣
老得不需要絕對也用不著一定
想再提筆就再提筆
想做點事就做點事
想去那裡就去那裡

只有年輕才能蓬發躍然的青春
只有青春才能揮灑無窮的熱力
只有熱力才能燃起生命的喜悅
只有喜悅才能活化每天的生意

沒有人可以說我老了
除了自己

我要如風似地走遍原野
像雲一樣逗留湖畔
如果是雪就應美化大地
是雨就得洗去人心的污染
當有一天我真的老了
我將化為一陣輕煙一縷山嵐

二、櫥窗

如果櫥窗是一面清晰的鏡子
為何櫥內的動作與我有所區別
如果櫥窗是一塊透明的玻璃
為何櫥內的一切無從理解
一塊恍如鏡子的玻璃
卻已隔出兩個絕然的世界

櫥內同情正被冷風吹襲的人
櫥外則以好奇的眼神打量
看櫥內比手畫腳瞧櫥外東張西望
他們到底怎麼說怎麼想
隔著玻璃各有各的解讀
櫥窗內外的情景很不一樣

一個群體就是一個櫥窗
每個櫥窗都有自己的規則
櫥窗總是將最美的一面呈現
唯願僅是一名行經的旅者
我來我見我走了
何必在乎櫥內人的臉色

三、運　動

失群的雁時常飛得欲進而還停
孤啼的鶯總是叫得有氣而無力
說好每天運動的人
可能由於缺乏誘因而難以為繼
一定時間固定地點雖然不是約定
卻能讓自己慣性地出席

運動是個人的行為
一起運動不用理會為何與如何
來這裡只是為了動動手腳而已
何必非得朋友不行呢
沒有支流的溪往往斷斷續續
唯有諸水匯入才能洶湧而成大河

看別人動自己也會想要動
運動本身即具有感染的效力
大家齊聲吆喝才顯得熱鬧
你我合力工作才能夠積極
如想戰勝自己的惰性
何妨前來運動場上一起披靡

四、局外人

行星沿著既定的軌道規規矩矩
彗星瞄了一眼隨即飛掠過去
沒有偏移的問題
遊遨於無拘的天空裡毫不猶豫
縱想模仿他們亦步亦趨
彗星不羈的個性也絕不允許

有的森嚴有的鬆散
一樣都有牆籬
是非沾惹不到的局外人
誰能以應該或必須來相逼
每天只在牆內打轉者如果膩了
牆外還有更多的風景等著你

將整座天空橫越
咀嚼大地所有的風采
於自行決定的軌道上漫遊
看星群一個一個登臺
看牆籬一面一面修築
看視野一天一天狹窄

五、品酒師

從抽象的感覺裡去抓取
抽象的感覺卻必須非常地具體
像微風吹過原野的草香
像玫瑰才剛綻放的氣息
古老的行業每次都有全新的挑戰
挑戰就在一樣盛於杯中的酒裡

只是淺淺的一口
沒有一定卻有絕對的標準
有的古典有的浪漫有的很熱情
專業的品酒師自有分寸
隨時都能在瓊漿玉液之中周旋
每天遠征尋蜜的蜂也許會想問

嘴裡含著芬芳吐露的言語
有如即興遊唱的詩者
不僅是話更像是歌
美麗的字辭怎麼會夠用呢
只有甜美不具苦澀的品酒人生
應該是一首詩一張畫一支歌

六、炭火邊

在炭火旁邊說著鏽蝕的老故事
讓火光融化心頭的冰雪
寒冷的風只能在外遊蕩
這裡已被溫暖的情隔絕
如果還能來點新的想法
就有荒漠綠芽萌生的喜悅

美好的氛圍最好馬上融入
美麗的詩篇可以等五月再聊
短暫的歡樂瞬息即逝
甜美的笑聲彷彿好聽的民謠
此刻最該做的事情
就是用心把眼前的情景素描

這裡有的是溫馨的氣息
咖啡或茶不用選擇
天是冷的地是冷的山也是冷的
在這有點高度的山頂之側
一切都很遙遠
只有這一堆炭火是真的

七、流星雨

一顆流星飛掠天際
一個個許願的聲音響起
一顆流星飛掠天際
一個個許願的聲音響起
是因搭載人類太多的願望而墜落
還是為了來到多情的世界而不惜

心裡的聲音只有你才聽得到
想實現的願望只有你可以拜託
如果你也有什麼祕密
何妨也分享給我
我專注地望虔誠地求
唯恐錯過

也許一閃而逝的你根本來不及聽
也許你前來只是一時路過
有歡呼有惋惜也有莫名的感傷
一顆顆耀眼的星一陣陣迅即的落
看得到的是痴心的人痴痴地等
看不到的是伊人的心窩

八、說出來

一點水滴能將湖面蕩漾
一粒火苗可以蔓延整座原野
剎時的閃電只是淺淺的一條線
卻已畫破天空將雲雨傾洩
而於山谷中不斷傳響的鐘聲
則是來自教堂的關切

湖面再寬廣沒有風不起漣漪
天氣再乾燥不生火不能烹煮
孕育整個冬天的生命
唯有春陽才能把它全數釋出
如果種子始終未能鑽出地殼
埋於地下就是它最後的歸宿

被春陽拂照的草木以花朵相酬
受雨水澆灌的大地以綠意稱頌
我會記得往往僅止於一時
在褪色的時空裡人事早已不同
感謝時常存放在心底的人
也許該把心聲吐露於微風之中

九、秋來了

一群白鷺畫過天際
空留幾朵白雲飄著
一片樹葉盤旋而下
大地的顏色隨即繽紛了
明明昨天豔陽依然高照
怎奈今晨細雨紛紛遠來作客

湍急的河早就歸於寧靜
寧靜的河岸蘆葦正在喧鬧
想走上前去一起吶喊
蘆葦卻突然把頭別繞
白色的葦花在水面上恣意揮毫
原來東北季風已經悄然來到

沒有邊線的天空顯得遼闊
未曾分界的季節無從摸索
如果一葉就能知秋
何勞樹木盡數凋落
迷惑的人不解地問
只見一群白鷺又自頭上飛過

一〇、就是親情

——寫岳母張蔡碧月媽媽

又是糕點又是蔬菜又是水果
一種又一種一袋又一袋
沉甸甸地提在手上太重了
總是要用車子來載
岳母只要從大甲回到臺北
當令的稀有的饋贈都很精彩

提在手上感動於心裡
這種看似例行的盛情
不只是習慣更是不必言說的關愛
是疼惜么女一再地叮嚀
也是心繫獨在異地的我們
我的心裡一直感動莫名

難以表達的情感最深
說不出口的感謝最真
我滿懷謝意地看著慈藹的岳母
道聲謝謝思緒一時紛陳
岳母卻以開朗的招牌的微笑
笑開親情負擔沉重的我們

一一、兒時情景

是大手牽著小手散步的早晨
是跟在母親後面追逐蜻蜓的黃昏
移居臺北久了故鄉也模糊了
彷彿遙不可及卻又如在眼前翻滾
一個足以讓心靈棲息的地方
我時常會不經意地想問

田間小徑的綠意是否已經蔓開
田埂上的樹木大概成蔭了吧
簇聚水裡閃著光芒的稻禾
風來還是一樣地披靡嗎
原野依然如昔草木生生不息
但長存我心的曾經究竟去了那

回來尋找熟悉的人
只為溫存一點兒時的記憶
年紀大了人事也不一樣了
遼闊的村落顯得更為孤寂
當我走入從前
我的心早已掉在這裡

一二、我心在飛

瞬間即逝的景卻能永遠感動
有限的頭腦只應存留美好的事物
端一杯盛滿記憶的咖啡
我要在從前的優遊裡躊躇
已被俗慮拘縶的心
只有此刻才能輕快飛出

像冉冉出岫的雲氣
怯怯地飛向嚮往的遠方
嚮往的遠方有我心儀的熟悉
現實總是給人莫名的渺茫
即使已經來去幾十回了
興奮仍然有如初次到訪

一幕幕活生生的曾經
一次次滿懷喜悅的出發
我是夢遊仙境的愛麗絲
每當回首就有全新的覺察
一杯咖啡一個悠閒的下午
就讓我心自由地飛吧

一三、一片樹葉

不管山路有多崎嶇
我會與你一起出航
我把一片寫有名字的樹葉
小心地放在水面上
請你浮著我
一起漂到遙遠的地方

雖然無法親自參與
但我仍然希望陪在你身旁
你唱歌時我隨著水波起舞
你戲耍時我跟著漩渦躲藏
只要在這一條長長的溪流上
何必天堂

讓我們沿途聆聽山谷的故事
一路體驗大地的驚喜
萬一遇到阻礙
有我在前面引領你
如果有人將這一片樹葉撿起
我會告訴他這一段森林的傳奇

一四、溪畔行踏

只是兩排大樹一野綠地
寥寥幾筆景深卻已無限
說是筆直其實還有個彎
弧度不大的彎彷彿將有祕密呈現
腳想停下來了
眼卻一直向前

是美景強力的召喚
還是出自本能的催促
既然來了就不要有所遺漏
走就走到盡頭看就將景遍睹
這不只是由於好奇
身在自然的人總是不由自主

風聲水聲笑聲隨意飄蕩
置身景中的人無暇細分
小徑之上你講你的我看我的
不相交集的人走在頻頻交錯的早晨
只剩友善的微笑沒有異樣的眼光
因為大家都是無心的人

一五、一幅圖畫——張春梵教授陪母親張蔡碧月女士散步的情景

一起平靜地在校園走著
前腳緩緩地踩後腳慢慢地移
近看是戰戰兢兢地照護
遠望則是溫馨如畫地相依倚
在這連時空都能遺忘的時刻
只有陪伴才是唯一

為了讓母親得以動動筋骨
再繁再急的工作等著也要陪從
愛掛在嘴邊也許太做作了
實際的言行居然如此地輕鬆
師大早晨每天常有的風景
卻是人間絕美的一道行蹤

母親眼中的我才是我
母親講的話從未改易
只需一個眼神就能心領神會
這個時代誰能擁有如此奢侈的甜蜜
自然而然的表情滿滿歡愉的心
就在這看似尋常的散步裡

一六、如在近旁

——連襟好友陳春帆上校

退休之後不再與聞軍中的事情
紀律生活慣了自有一定的作息
朝夕相處的同袍猶如倦鳥各自歸巢
已散的宴會仍有不散的筵席
同患難共甘苦的情感永遠都在
線上相繫相連的感覺更勝於往昔

友誼彷彿一條水量豐沛的河
沿著河岸朋友散居於兩側
如向河中大聲呼喚
馬上就有熟悉的聲音相和
這是一條源源不絕的河
只要大家還在永遠不會乾涸

縱使曾經橫渡大洋湧起滔天的巨浪
如今只想在寧靜的海灣裡擺蕩
閒來遙望那一片遼闊的大海
唯有榮耀沒有感傷
燦爛雖已不再快樂的日子每天都是
還有遠在各地的朋友隨時如在近旁

一七、就是舞者

如果一個腳步一個暫停
每一步都是美麗的風景
像微風靜靜地吹過原野
像白雲悠悠地飄於山頂
維也納不慎遺漏的舞步
每天都在她的腳下流行

只是走著即已翩然
輕輕地移緩緩地挪慢慢地蹴
姍姍而來從容而去
恬淡的人怡然自如
原來曼妙的舞姿不在盛裝的宴會上
而是尋常生活的舉手投足

渾然天成的名畫雖然很美
親臨其境的一眼更為可貴
有所標榜只是做作
自然流露才是品味
尤其行經盎然綠意的小徑時
優雅的視野總是在這裡交會

一八、流浪者之歌

走過山巒走進溪谷走遍原野
彷彿一陣到處漂泊的風
能踩能踏的小徑一定行經
卻只想在我要的地方停下腳程
時間沒有什麼意義
當太陽東起又是另一個新生

人快樂我歡愉
人悲傷我惆悵
所見所聞所歷的驚奇
我會逐一收藏
人間美麗的溫情很多
值得細細品嚐

行經的昨日已成甜美的記憶
以酸楚釀造的從前滴滴甘醇
如果生命是一本完整的書
生活則是一篇篇精彩的詩文
我要詠唱一個個充滿喜悅的故事
像輕拂的微風一村又一村

一九、歡樂我都要

萬聖節之後是感恩節是聖誕節
糖果火雞還有聖誕的大餐
每一個節日都代表特定的文化
每一種文化都寓含深刻的意涵
實際的歡慶比想像還美
而美的想像又在現實之外爛漫

過節就是直接地參與
唯有參與才能體會文明的姿彩
日升月落只是自然的現象
真正的時間沒有一定的年載
幸好聰明的人類為特定的日子標記
茫然無涯的生活才能有所期待

節慶是能夠歇腳的蔭
是可以瞧見藍天的窗
奔波的生活有蔭才能得到喘息
昏暗的人生有窗得以瞧見希望
且把受苦當做必然的意外
要像穿越危岩的小溪一路放歌前往

二〇、什麼都不行

你可以參加鑼鼓喧天的廟會
拿著香拜張開口祝禱
看裝神玩鬼的人舞弄
聽彷佛神祇附身的人訓道
至於歡樂的萬聖節
只會讓你蛀牙讓你晚上睡不著

你可以跟著遶境五天一句地走
日行豔陽之下夜宿於街頭
虔誠的心意一定要被神明看到
整年的作息都應以此為主軸
至於歡樂的聖誕節
只是虛假的神信口胡謅

他們認為諸神都不存在
只有人變成的神才有神靈
如能遇山遇水遇樹遇石都拜
你一定可以諸事順遂長命百齡
至於那些可以帶來歡樂的節慶
不行

二一、時間的使者

——寫每週一見的好友呂學熒兄

不以時不以日而以週
固定的早晨每週一遭
短而有些距離可以各行其是
長得恰如其分不會疏離分毫
像球上不停旋轉的黑點
須待一段時間才能看到

只是周而復始一如往常的生活
只有本是好友許久未見的相得
促膝剪燭的激情雖然灼熱
恬淡的從容才能避免忐忑
日子乍看似乎不慌不忙
然而青春早已忽忽地過了

人來了又去、去了又來
時間早已悄悄地向前移
口說不知不覺並非沒有感覺
眼見春去秋來誰能夠不在意
七天一個周期恍如時間的使者
歲月就在見與未見之間逐年經歷

二二、宜蘭安農溪畔

沒有惱人的海鳥來回穿梭
只見偶而飄過頭頂的雲來遮影
沒有刺耳的汽笛聲擾人清靜
只聞遊者稀疏的低語久久行經
山是靜的樹是靜的人也是靜的
只有潺潺的安農溪流個不停

空曠的視野只是幾道簡單的線條
簡單的線條裡卻有無窮的視野
平緩的邊坡溪水得以安心地流
寧靜的樹木遊者能夠恬謐地蹀
有逐漸轉紅的樹有綻開笑容的人
人在廣闊的天地之間停格暫歇

景隨著眼睛無止無盡地展延
人與山與樹與水相偕而不相離
我看彼端的人已在蒼茫之中
彼端的人看我應有幾分畫意
在這裡不是忘我而是我把人給忘了
因為擁有一切的人當然擁有自己

二三、最後一顆白柚

這一顆必須撐到年節的麻豆白柚
已經由綠閃著金色的光芒
和著年節漸至的氛圍
白柚滿室芬芳
看擺在架上的白柚心裡暗自數著
等待的日子總是特別長

只為拿給我的那一刻
臉上那一抹並不很在乎的笑容
一個小小的期待
卻須忍受一季痴等的苦衷
父親總是留下當年最後一顆白柚
在我返家時親手贈送

今年我也在架上擺了一顆白柚
即使白柚熟軟了還是留在原地
誰知理應向前的時光卻倒著走
走回父親仍然在世的往昔
縱使那雙微微顫抖的手看不到了
然而熟悉的聲音卻自耳際響起

二四、活在昨天的人

不是頻頻回首
不是從時光的隧道穿過
而是乾脆住在認同的時空裡
美好的昨日依然婆娑
怎麼可以說走就走呢
活在今天的人仍然於昨日過著活

新建的大樓從前滿眼蒼翠
繁忙的街道只是鄉間的小徑
成天以昨日的印象複製貼上
現在彷彿一時飄過的雲影
儘管足跡早已不見
但他總能看到舊時的情形

如今不就等於以前的那個時代嗎
兩個世界在他心裡沒有什麼差異
以已有的記憶詮釋
對於眼前一點也不覺得新奇
既然置身於過去感覺一切都好
再進步的社會也是一樣的往昔

二五、蒙娜麗莎的微笑

不管站在那裡她都注視著你
無論那個角度她都對著你微笑
不多也不少的曲線
恰如其分地揚在她的嘴角
只是淺淺的一笑
卻已留下萬古難解的謎條

神祕的笑容綻放於她的臉上
卻得勞煩學者成卷成帙地究詰
你說你的我講我的
大家都有全新的見解
明明只是一幅文藝復興的油畫
為何世人總是喃喃喋喋

淺淺一笑也許只是無心的舉止
愈看姿態愈美愈想表情愈俏
是人類太多事了
還是藏於畫中的祕密有待揭曉
當人們的理智都在笑裡迷航時
我想達文西正露出神祕的微笑

二六、小孫女會講話了

是來到這個世界太興奮了
還是有什麼有趣的事情想告訴我
你聽懂我的話嗎
天真的表情好像正在問著我
雖然只是幾個簡單的聲音
卻足以使滄桑的心靈婆娑

旋律一般地講著沒有輕重音
字字都是好聽的音符
彷彿德語法語抑或是西班牙語
世界應將這麼美麗的語言加入
現在聽不懂沒關係
等妳長大了以後再細細地描述

像微風帶來花草芬芳的氣息
像春陽把大地的冷漠融化了
鎮日全在聲海中浮沉的人
早已忘記天使的聲音了
也許只要聽懂妳在講什麼
我就能將一身的塵染洗淨了

二七、直上奧地利的大鐘山

轉過一個長長的彎之後
一邊是山一邊是谷
轉過一個長長的彎之後
一邊是山一邊是谷
轉過一個長長的彎之後
一邊是山一邊是谷

陡峭的山仍然如壁而立
幽深的谷依舊見不到底
蒼翠的樹木還是即興參差
七月的花朵始終紛繁旖旎
我在大器磅礴的自然裡蜿蜒
高山的路上一樣車來人移

車子愈爬愈高
雪點由小而漸
四周慢慢昏暗了下來
雪紛紛飄來窗前
原來昏暗的只是天色
皚皚的大鐘山上雪白一片

第五章　二十行詩

一、雪

點點白絮若無其事地飄著
輕輕用手觸碰
柔柔的軟軟的隨即融化
只在指尖留下一縷冰冷

預想應該是溫的卻是冷的
雖然是冷的全身卻熱了起來
按捺不住的興奮頓時爆裂
歡呼的聲音在整個山頭澎湃

雪落在張開的口上落在歡呼的聲裡

仰起臉溫馨地承接下來
聽憑樸素的衣服縱橫斑駁
聽憑蒼灰的頭髮愈來愈白

冷漠的人在冰冷的雪裡展開笑顏
只是純淨的白卻顯得異常繽紛
我在皚皚的雪地感到沉寂的寧靜
寧靜的心靈此刻思緒更為紛陳

自然的美景使人彷彿回到了原鄉
片時的美感即成永恆的記憶
捨不得離開的腳移不動眷戀的心
紛飛的雪早已在天地之間披靡

二、夢

我知道那是假的
但我寧願被騙
因為在現實的生活裡
如此美麗的情景看不見

平常人們可以到達的地點
雖然也能讓人驚豔
然而在不同的夢中
每次都有全新的發現

如果可以自己飛
就不用再舟車勞頓了
這個現實想像不到的世界
希望大家也有機會來同樂

只要是新的視野新的體驗
人們一定蜂擁而來穿梭徜徉
可是也只能十天一季地玩
與夢中的感覺又有什麼不一樣

我想住在優美的景物裡
但遙遠的距離卻使人難以觸碰
如果能夠選擇自己喜歡的地方
那才是我真正的夢

三、盤點

是天使是王子是大家景仰的英雄
儘管在童話世界中往往這樣認為
看別人意氣飛揚地說
幼年的心願始終卑微

當一名老師也許可以是教授
寫一本書最好是詩文創作
夢想的色彩縱使繽紛
唯獨想要的顏色並不多

以講臺為海德公園言無不盡地說
把參考書當學術筆暗無天日地飛
悠悠的歲月匆匆地過了
並不圓滿的人生其實也算完美

山不高草木卻很盎然
湖雖小湖水非常清澈
在烏雲常佈的天空之下
陽光還是足以將大地溫熱

不是走走停停而是從來未停
走在這條尋常的小徑
風吹過雨也來襲過
然而兩旁的美景總是如影隨形

四、街道

不用說什麼
就是冷
冷讓大地寧靜
只剩清冷的風聲

喜歡講話的唇舌沒有聲音
時常鳴唱的小鳥仍在窩裡
長長的街道上
顯得異常清寂

熟悉的街道雖然冷漠
反而多了一分自由
我在車未來人未往的街上
可以放心地整片擁有

其實無需擁有什麼
我只在乎眼前
人於彷彿夢境的清晨裡
不想再有明天

腳緩緩地移動
思想早已潰決
可惜又白又紅又綠又黃的標線
不是秋楓也不是冬雪

五、許　願

冷才能使精神凝結
風自遠地吹來的寒意誰在乎呢
兩隻眈視的眼直向長空
只為捕捉那可能的片刻

狡黠的星子閃啊閃的
怎麼還不掉下來
只有橫掠天際的流星
才能贏得應有的喝采

誠惶誠恐地守在這裡
盼能許下一個小小的心願
一步一腳印實在太慢了
還好還有這一條捷徑可以使夢圓

世界和平太遙遠了不容我來說嘴
人間財富與我無緣應該還有選擇
也許祈求健康是個好主意
但我想要的明天怎麼辦呢

星星布滿天空星光依然燦爛
想要的很多能減的無何
整個晚上都在加加減減
然而流星卻一個一個飛逝了

六、人聲

想吃得以分辨鳥聲的果實
我要用優美的文字翻譯
如果人們瞭解鳥究竟說什麼
也許大家就知道快樂在那裡

鳥聲是語言也是歌
原來禽鳥溝通可以用唱的
如果說話好像唱歌
世人每天何必多費唇舌呢

一句話一支箭
箭隨時都在空中飛
如果毫無設防的耳足以抗拒
你我才能夠擺脫人間的是與非

鷹一聲長鳴藍天頓時空曠
雀一句嬌啼大地充滿生氣
如果仔細諦聽
你將會聽見自然熟悉的聲息

沉默的時候思緒最活躍
無聲的語言表意最明暢
如果你想放空
請到一個只剩自己的地方

七、夢　醒

熟悉的親切的聲音把我叫醒
夜是黑的人是黑的空氣也是黑的
穿過窗臺投進室內的光
淺淺地在牆上亮著

像被重重烏雲困住的月
僅自隙縫吐露一點我在的訊息
像呼喚應自遠夢歸來的晨聲
無限溫柔卻似有若無地依稀

依稀的聲在微弱的光下搖曳
微弱的光將依稀的影子浮現
人於從前的曾經裡依偎
難忘的情景一幕幕都來到跟前

好久好久不再聽到的聲音
好想好想能再孺慕的親顏
剎那的驚喜有如穿越時光隧道
重新回到幼年

好多好多的話想跟您說
好苦好苦的情想向您訴
微弱的光前有清晰的影像
影像卻隨著淚水逐漸模糊

八、宗　教

佛教認為修行有成即能成佛
死後得以住在極樂的西方世界
西方世界只是人佛所住的地方
到底是誰創造了西方的一切

基督教主張上帝創造萬物
宇宙萬有全都經過上帝的手
一舉解決佛教不知來自何處的問題
卻將上帝誕生之謎擋在前頭

以前人類無從窺知的現象
宗教可以概括承受
如今宗教難以解釋的神祕
就交給科學來研究披露

人因未知而跪地祈求
因已知而擺脫迷信
也許信仰能夠使人平靜
然而不應就此妨礙人類的前進

科學並非萬能
但無科學只能盲從地相沿
且把迷信的訛傳的交給宗教
人類必須向前才能有明天

九、火燒雲

不按比例的色彩隨意潑灑
繽紛的天空顯得異常寧謐
彷彿創世紀才剛打開的隙縫
生命的火焰驟然燃起

澄澈的蔚藍只能自印象裡翻找
朱紅的橘色恣意聒噪
助長火勢的風即使徐徐
劈哩啪啦的響聲依然隱隱繚繞

如想預示什麼事情即將發生
請再給予一些明確的訊息
飽受世俗污染的耳目
如今只見如火的雲朵漫天顫慄

如想重現人類誕生的情景
散播如何才能重返伊甸園的福音
為何滿眼令人驚恐的詭譎裡
沒有一絲悲憫

火在天上繼續燒著
橘色的雲已將熟悉的視野吞噬了
沒有天沒有地沒有人
連思緒也在火中化為灰燼了

一〇、採蘋果

愈看愈美愈想摘愈捨不得
樹上飽滿鮮潤的夢幻是蘋果嗎
遲疑再遲疑始終狠不下心來
還是把它留在樹上吧

走進繽紛多彩的蘋果園裡
想像與現實融和的世界令人迷眩
塵囂遠了俗慮遠了連欲望也沒了
這裡就是伊甸園

自從夏娃吃了蘋果被逐之後
重返伊甸園成為人類渴望的夢囈
伊甸園裡應該有很多蘋果吧
直到現在我才知道人類的謎底

原來人類想要的不是伊甸園
而是伊甸園裡的蘋果
蘋果這種美麗的東西
大概只生長於像伊甸園的角落

倘若有蘋果的地方就是伊甸園
人類並未遠離快樂的原鄉
因為每當秋風輕拂
蘋果總是引起人們愉悅的聯想

一一、漂泊者

漂泊的人隨時有風相伴
還有眼前的美景可以優遊
身上擁有的東西雖然不多
但卻什麼都有

他像白雲一樣地到處飄蕩
人們則在茫茫的人海裡浮沉
大家同情他無依無憑
他卻悲憫人須一味地隱忍

有與無只是一種感覺
每天的生活所需有限
然而人們時常將所需無限地擴大
於是追求成為擺脫不掉的天譴

如果漂泊的他是一葉扁舟
人們就是一艘堆置貨品的大船
本來只夠划舟的雙手
那堪聽人無止無盡地使喚

人以日漸衰老的身體
划著愈來愈沉的船櫓
同樣都是漂泊的人
何必讓自己如此地受苦

一二、無關玫瑰

雲飄過山頭不曾留下陰影
風吹拂原野了無痕跡
眼前的得失無乃一時的感覺
玫瑰則隨時將美麗的情意傳遞

榮耀登頂之後仍得走下來
精湛的泳技只求重回岸上
終點即是起點
才剛展瓣的玫瑰最芬芳

太陽底下全是新鮮的事情
瞧一眼吸一口都能快樂地嚐鮮
即使伸手不見五指的暗夜
玫瑰還是嫣然於你我面前

我來我見我體驗了
或多或少沒有標準可以量裁
芍藥再怎麼冶豔
園中的玫瑰依然無從取代

風愈吹大地愈寧靜
雲愈白自然愈多彩
當秋收的歡騰逐漸沉澱
蟄伏的玫瑰就會綻放開來

一三、兄弟之情

——與大弟楊鴻銛先生歡聚而寫

風每天吹拂雨隨時飄下
已被人們視為當然的熟悉
彷彿取之不盡也用之不竭
我想我要我做什麼都可以

一起長大的兄弟理應相挺
既然名為朋友就得隨時同軸
一旦風不來雨也停了
人們認為是老天做得還不夠

再豔的花也有凋零的時候
再美的景終究會被白雪覆蓋

喜歡風和日麗的人希望春天常在
可是寒冷的北風很快就將襲過來

儘管不捨昨日還是過了
憧憬再多明天也未能盡如想像
即使早晨東升的太陽
每次出現的角度也會不一樣

心意契合的朋友不必朝來暮迎
偶而聚首的手足早已深情相繫
只要風來清涼雨能夠潤澤大地
誰說人生的風景不美麗

一四、舊日時光

——與好友陳中光兄歡聚而寫

掏出口袋一人一半咬緊牙根
買包滷味就於階前啃在一起
風來葉搖光動影移
陳年的老故事總是一提再提

一南一北生活的形態既然有別
周遭的人事也就迴然而異
你講你的有如行雲與流水
唯有共同的話題才能讓青春舉翼
難得的見面伴著興奮的感傷
有笑有嘆的感傷自有不經的虹霓

彷彿昨日才剛消逝的曾經
今天已經棲於窅然的天際

未向太陽借光的月亮
只好與夜一起隱沒在漆暗的黑裡
隨時浮於晴藍的白雲
誰能說它不再稀奇

事情隨著歲月愈來愈多了
歡樂卻與生命同時遠遞
低下頭來檢視塵封已久的記憶
年輕的長髮頓時又在眼前逶迤

一五、冬天的早晨

有如覆上黑布的魔術箱
布裡藏著各種可能的猜測
幾千幾百隻眼睛齊聚的焦點
只以一團純然的黑蓋遮

夏季太陽已經起床的早晨
此刻天空還是不動聲色
寂寥的星光對著地面閃爍
昨日逗留的夜晚仍然依依不捨

冷風偶而才有車子倏然而過
一切似乎都還未定的人世
個個皆以凜懼的心情等待
等待即將發生的大事

理智無法理解時只能憑感覺
感覺則在黑暗中迷失了
破曉時分卻久久不見黎明
性急的人紛紛出門去了

走在猶如沒有盡頭的隧道中
何時才能看見光呢
冬令天色未明的早晨
誰說不是人類迷惑的開始呢

一六、我當阿公了

這是多麼美妙的聲音
當「阿公」在稚嫩的小口叫著
我掩不攏嘴喜不自勝地笑了
因為期待這個時刻已經很久了

此時唯有陣陣的強風
滿腔的喜悅才能全數播出
拿起聲量最大的麥克風
今天應該數我最幸福

迷人的玫瑰高雅的茶花還有還有
我要踩遍原野每一寸土地
只為尋覓一組優美的字句
寫入詩篇比擬

想以蒙娜麗莎微笑的筆作畫
想譜莫扎特輕快的樂曲歡唱
可愛的孫女隨時都在眼前
雀躍的我彷彿乘著歌聲的翅膀

如果純真的眼是明澈的湖水
恬靜的臉龐則是天地初始的縮寫
伸出雙手輕輕地捧著抱著
我擁有了整個世界

一七、青春的老魚木

有點年紀的老魚木依然年輕
年輕的心裡裹著一團奔放的火焰
每當風和日麗的四月
總是在樹上綻放美麗的春天

愈伸愈長的枝條將空間填滿
愈開愈多的小花把天空遮蓋
炙人的熱情自梢頭燃起
青春的吶喊則於街頭巷尾爆開

像碎裂的陽光灑落一地
像翩然的蝴蝶漫天飛來
原本的蔚藍已被金黃取代
視野上下全是耀眼的色彩

盎然的生意染綠扶疏的枝葉
蒼勁的樹幹烙著歲月的痕跡
熬過風雨霜寒的加羅林魚木
誰能得知狂野的性情一如往昔

一批又一批的遊客走了
一代接一代的戲碼正在上演
多變的溫州街上唯獨這棵老魚木
金色的驚奇一年又一年

十八、二〇二一詩組

1. 是否就在明天

那一野綠地還是綠的
那一框藍天依然晴朗
平常繁忙的街道空空蕩蕩
感覺竟然如此地狹長

每天下午兩點的疫情報告
是祈禱與顫慄的時刻
人心隨著數字起起伏伏
我所熟悉的生活在那裡呢

可能發生的災難太可怕了
不見盡頭的等待很漫長

暴風雨前的寧靜不是寧靜
臨界的窒息早已籠罩全場

失去了才知道可貴
重彈的老調使人更為迷惘
彷彿林中蜿蜒的小河
似乎也在險峻的谿壑之中徬徨

匆促的時間突然擱淺了
匆忙的文明停滯不前
只消關緊大門就能拯救世界
然而解封的日子是否就在明天

2. 莫德納疫苗來了

不僅僅是及時雨
更是苦苦久候的甘霖
當飛機緩緩降落

瞬間爆出的歡呼聲不分遠近

像拂綠梢頭的春風
像穿透雲層的晨曦
掃去久蟄暗夜的焦慮
而將明日的希望驟然燃起

置身幸福之中很難理解幸福
緬懷歡笑的人歡笑早已不見蹤影
沿著軸線前行的時間沒有表情
喜樂只是短暫的曾經

再緊再密的防護也有細縫
再恐再懼的等待都要鎮定
無災無難的世界
地球上並不流行

被病毒襲擊的人類有你還有我
需要幫助的人從來不孤獨
莫德納疫苗來了
人間美麗的風景我又欣然目睹

3. 患難真情

人有難時你捐我也捐
只是我們的習性罷了
這個國家怎麼這樣多情
十年都過了居然還能記得

誰買到誰就能活命
你搶我搶大家都想擁有
孤立無援的臺灣只能暗自心急
幸好還有這一道意外的暖流
是守望相助也是知恩圖報的好友

海將兩地隔開情卻把你我相繫連
是友是敵大家心裡有數
如人飲水點滴都在心眼

從前不求回報的人如今滿懷感激
風雨救命的恩情怎能忘記
患難才見證的真情來得正是時候
日本載贈的疫苗已經翩然運抵

4. 立陶宛，謝謝

儘管擁有的不多還是大方分享
不是量力為之而是盡力地捐輸
溫情的關懷來自遙遠的北方
誠摯的友誼已將陌生的距離泯除

文明的破口有風又有雨
適時贈與則為飄搖的希望添加柴火
從前只能想像的童話國度
如今相挺不用再分你和我

歷史的悲劇不能讓它重演
擺脫苦難的人最想伸出援手
仍被惡龍所困的我們
感謝的聲音當然不絕於口

如果災厄是人類的宿命
人性就是戳破黑夜的黎明
朋友不必左鄰右舍
認識立陶宛的風潮正在臺灣盛行

5. 斯洛伐克，謝謝

脫離蘇聯又與捷克和平分手的國家
以鋼鐵的意志對自由誓死爭取
親自為颱風眼中乘風破浪的臺灣示範
應該直向平靜的海域航去

昨天雖然過了但不容忘記
如今朋友有事怎能視若無睹
救命的疫苗來得正是時候
陷於苦難的人們不知如何表述

海中的孤島，島孤而人不孤
必須面對的凶險隨時都在眼前
過河的卒子沒有退路
斯洛伐克就是我們的明天

真心的朋友不必分遠近
滿滿的溫情早將感謝的心填塞
漫長的冬天霜已降了雪也下了
久候的春天大概已經上路了

一九、沒有觀衆的表演

拿起筆來自在地抒發
不假外求即能暢快地表達
進步的時代可以使用的工具很多
但我還是獨鍾這個方法

筆於紙上沙沙作響
彷彿觀眾久久不絕的喝采
紙上逐漸成形的情景
則像園丁細心修築的花臺

先把美麗的印象鋪在這裡
再將難忘的感受輕描慢提
抬起頭來休息低下頭去揮灑
只要我喜歡什麼都可以

顏色只有一種然而色彩繽紛
單用線條鉤勒風物卻已多樣
雖然僅是幾張薄薄的稿紙
美麗的畫境足可供人徜徉

孤獨的人伴著寂寞一筆一畫
完成之前外人難以窺見
不需藍圖不必夥伴也無從模仿
這是一場沒有觀眾的表演

二〇、當我們聚在一起

——與好友黃宗輝兄、王輝雄兄、林煌正兄時相聚會而寫

一樣的時間一樣的地點
約定成習似地聚在一起
風聲語聲還有突然竄起的爆笑聲
歡樂何待尋覓

你講你的我講我的無妨
同時參與才顯得熱絡
誰說聊天一定要有聽眾
大家都曾有過人生的起落
比春天的花園紛繁
比秋末的原野還要冶豔

如果一種聲音一道顏色
這裡就是一幅莫內韋特伊的花田

比黃鶯的嗓音悅耳
比喜鵲的啼叫還要討喜
如果一句話一節音符
唯有韓德爾的皇家煙火可堪比擬

夜歌漫遊者的歌德太悲涼了
獨詠威尼斯的尼采也太寂寞了
我不是走入世俗的拜倫
我想和席勒齊聲歡唱人生的頌歌

二一、聖羅倫斯河上的千島群島

安大略湖注入的水不再凶險
聖羅倫斯河上一片寧謐
距離將島與島隔開
悠閒又把人與人連在一起

天上水下的雲一同嬉鬧
微風正與花草相互調戲
在亮麗多彩的水面上
張開眼睛就有如處夢幻的驚喜

端一杯咖啡看天看水看遊艇
只是坐著惱人的思緒就能清空
且讓時間與流水一併消逝
置身島上的情懷自有千種萬種

一眼即成永恆
曾經就能擁有
以往在乎的已經不重要了
此刻只想在此一直逗留

上天灑落聖羅倫斯河上的綠色珍珠
再小也能閃耀璀璨的光芒
還好珍珠撒在這條優雅的河上
我們才能看到大地美麗的收藏

第六章　二十四行詩

一、梨　山

梨山好像一位蒙著面紗的村姑
僅止露出清澈的雙眼
恬靜的早晨閒散的黃昏是本性
高峻的山縱深的谷是她的容顏
即使只見幾個山頭
也足可叫人想像她美麗的從前

如果沒有工寮沒有農舍
山上除了草木之外什麼都不見
梨山就是麗質天生的美女
尤其午後遠山逐漸淡入雲煙

嵐氣伴著炊煙嬝嬝升起
美女更在引人遐思的縹緲之間

如果梨山的果樹都不套袋
整片視野全是滿滿的綠意
每當秋風輕拂漫山遍野的水果
隨著坡勢一路綿延的驚奇
走也走不開看也看不完的熱鬧
那才叫做旖旎

無緣瞧見渾樸自然的從前
雖然也有幾分惋惜
但能站在櫻緣丘上也就夠了
我曾經像風一樣地來到此地
不必再想開發之前
不用奢求住在這裡

二、候鳥

——看嘉義梅山太興村黃頭白鷺的秋徙

天朗氣清不是很適合遠行嗎
氣象報告也說東北季風到了
為何延遲這麼久還不來呢
還是昨日太累今天停飛了
遠眺了無蹤影的天際
連山頭也變得渺茫了

一支支攝影的炮筒固守堡壘
一雙雙外掛的眼睛虎視鷹測
想自風中瞧見什麼
彷彿淘洗金沙覓尋黃色的光澤
候鳥不來候鳥的人不走

只盼驚呼聲能把整個山谷溫熱

為了一覽峰頂的美景
有人終身無悔地攀援跋涉
為了一嚐甜美的果實
有人尋尋覓覓什麼都能割捨
得以見證白鷺舉翼千里的驚奇
區區一個下午又算得了什麼呢

時間點點滴滴地過
希望分分毫毫地遞減了
天色一寸一寸地褪
問號也全都浮上來了
七上八下的心徒然懸著
引領企踵的人已將秋空望穿了

三、故　事

我想站在皚皚的雪地上
聆聽雪后愈來愈近的車馬聲
然後加入華麗的行列
直向北方馳騁
我要置身一眼不盡的沙漠裡
尋找駱駝商隊掉落的夢
然後走進動人的夢裡
而為他們的曾經心疼

多少傳說裝飾孩子歡樂的童年
多少故事引起人們美麗的繾綣
世界很奇妙
但人是這個世界最奇妙的成員
敍述自己的傳說編寫自己的故事

硬使人類翻出地球動物園的牆垣
故事加上故事孳生更多的故事
故事於是成為人類繽紛的花園

沒有故事的地方沒有方向
沒有方向的人對於未來無從選擇
　樣都有明天
但明天只是一個空泛的名詞罷了
傳說才能產生動力
故事則為人間潤色
至於歷史
太沉重了

四、人潮

一年一度的煙火豈可錯過
才剛築好的步道誰能視若無睹
清境農場不清靜寂寞公路不寂寞
連玉山攻頂也常排出長長的隊伍
喜歡嚐鮮的人從未遲疑
現代的社會活得很倉促

像水族箱中湧來湧去的熱帶魚
像沙灘上一波接著一波的海浪
有人拿香就跟著膜拜
看到搶購即立刻跟上
電視報的網路說的朋友講的都好
周遭的人們隨時都很忙

是人太多還是點太少了
是有志一同或者興趣相投
追逐潮流不會在乎水流
唯恐落後往往爭先恐後
大家都在熱鬧的聲海裡浮遊
怕吵只能於岸上當個觀眾搖著頭

鎮日清閒也許感到單調乏味
休假在家可能覺得無可奈何
人人都說如何過活並不重要
活得實在才最快樂
趕快打開電腦來看吧
又有一家美食餐廳開幕了

五、先知

沒有什麼稀奇
葉子掉就掉了
只是一片尋常的樹葉而已
誰會把它和秋連在一起呢
其實滿山的楓紅是從一片落葉開始
淺淺的濫觴蔚成大河也不奇特
有時幾個認為不必在意的腳印
危險可能就在前面等著

先知真的得以預知一切嗎
可是每每能將世事洞澈
你一言我一語當眾人爭相讚譽時
他只能無可無不可地苦笑著
因為做什麼久了一定會有那個樣子

現象必然產生的結果不致太難猜測
就像天空烏雲滿布
不用講也知道必須趕快走了

牛頓因被垂直掉下的蘋果砸中
發現重力可以穿越空間的祕辛
愛恩斯坦則自滑落的杯子
提出彎曲環境才使物體下滑的原因
人人皆知的常識往往會被忽略
一經學理證實馬上列入學術之林
你也可能成為先知
只要你聰明好奇又關心

六、驚 喜

為何生我育我的母親
看到我時總是露出驚喜的笑容
當我每次不解地想問
親切的聲音又與往昔並無不同
連在一旁抽著菸的父親
臉上也有鑑賞藝術才有的感動

可能是思念把距離拉遠了
距離又將思念的情感加深
想見而見不到的苦
在想到而到不了的遠裡忍得更狠
想說而不敢明言的話
於多所體諒的心情裡顯得更沉

也許曾像清風一般說了我那知道
也許只是不經意地表達我未目睹
當愈積愈多的思念有了破孔
馬上警覺修補
表面依然健談一樣快樂的母親
只要我在一切都很滿足

像一再彈回原處的彈簧
像始終拍擊海岸的波浪
從前的點滴都成危岩與巨石
橫在我的心頭上
我想將回憶好好地珍藏
母親驚喜的笑容又在眼前一如往常

七、憶兒時

回過頭來尋找幼年的朋友
只剩舊地重遊的感慨
走過的小徑遊戲的場所還在
只見幾個陌生的小孩
舉起手來想打個招呼
異樣的眼神使我把手放了下來

想像必然留在故鄉的同伴
早已各奔西東
如果要找應該也找得到
可惜只有想法卻沒有行動
就讓這一分悵然的感覺
充滿整個心中

我不是住在這個城市
卻從來不寫這裡的卡夫卡
我體會終身漂泊的喬艾斯
筆筆都是對於故鄉的抒發
未曾遠離的人當然不會懷念
心繫故鄉的人怎能不想它

人在熟悉的地方淺嚐疏離的滋味
並從疏離的滋味溫存熟悉的酸澀
從前視為理所當然的事情
如今僅能清唱友誼的頌歌
沒有過去的人也許是幸福的
但我寧願擁有此刻

八、豁出去

迎著冷風奮力展翼
沿著氣流疾急地竄起
如果是鷹自然瞵視長空
如果候鳥就得年年遷徙
既然這是一條當行的路
我又何必猶疑

雪地的玫瑰一紅傲睨群白
崖前的松隻手已將豔陽蔽遮
值得珍惜的生命應該用來揮灑
可以割捨的人事淡然擱著
看似認命卻很招搖
彷彿招搖其實這才是本色

以願景為羅盤只須考慮自己
一切都豁出去了快樂地活著
冬天到了春天還會遠嗎
夜是黑的但總有破曉的時刻
恍如沒有明日的人生
誰還在乎風狂雨惡

得過且過或可暫棲於一隅
挺身向前才能夠先睹雲煙
柔弱的草只好隨勢披靡
潺湲的溪只能到處蜿蜒
麻雀就地啄食雖然也很快活
可惜無從體驗什麼叫做藍天

九、自由飛吧

如果已經沒有什麼眷戀了
那就飛吧
飛去一個自己喜歡的地方
任時光荏苒地爬
任季節不停地換
至於歡樂的笑聲就交給風吧

沒有人煙的地方可能有些寂寞
但又何妨
煩憂也許有卻不能太多
驚喜偶而來但無需常常
只要還有一口氣在
人間到處都有美景可欣賞

久縶塵慮的身體也許太重了
那就把心釋放
一生擁有的東西雖然不多
然而只要自由就得以啟航
至少讓思想可以自由地飛
至少讓雙腳能夠自在走訪

沒有自由呼吸不到新鮮的空氣
沒有活路的迷宮無法踏出一步
人既然能有選擇
何必將自己禁錮
要做一朵綻放深山的小花
不要像一棵長在庭院的大樹

一〇、好像夢幻

妳這麼漂亮有在煮飯嗎
梨山賣水果的阿婆問得一本正經
她不管什麼時候都很美
也許現在有了一些年齡
然而在我看來
這位女孩還是和以前一樣年輕

通常覺得年輕只能在心裡
沒有改變的感覺早已迥然而異
世上沒有不變的東西
若有只在心裡只是感覺而已
但她絕然不同
她的美麗依然如昔

像一本永遠讀不完的書籍
像一首可以一再詮釋的詩箋
像一幅怎麼看怎麼美的名畫
瞧她看她端詳她一天又一天
不必花前月下山明水秀
只要有她美好自然呈現

來自偏鄉的我
應該只有再尋常不過的人生罷了
因為有了她一切都改變了
我常懷疑眼前的情景不是真的
即使只是短暫的外出
我在路上也會想念她的

一一、車前的月亮

冉冉升起的明月
有時佇立道旁為我點亮前路
有時倚著山頭好奇窺看這個世界
有時懸於空中將灰藍的天填補
又圓又大就在車前
若即若離似乎隨時都可觸撫

看景看路看得實在很忙
兩隻眼睛於高速路上怎麼夠
逐漸昏暗的暮色依然看得清楚
有點刺眼的月光無限溫柔
眼於天與地之間流轉
心則在塵囂與空寂之際遊走

路沿著山勢蜿蜒
忽東忽西的月左右飄移
駛出隧道彷彿重晤多年的好友
行經陸橋常有再次目睹的驚喜
風聲引擎聲都聲聲入耳
然而只要往上一瞄馬上盡數消弭

美景只在瞬息之間
幸運總是出於意料之外
高速公路假日都會塞車
此刻有景不塞實在應該責怪
高速行駛的車子持續向前
歡愉的心則逕在雲端徘徊

一二、白色的沙子

拿出湯匙舀起沙子裝進記憶裡
我要把它帶到有點距離的遠處
這些每天接受太陽拂照的沙子
隨時都有令人感動的溫度
只要故鄉的朋友問我
我會說這是陽光海岸熱情的下午

與北半球並不相同的地方
卻有很多浪漫的場景激灩
海水深情湧動波浪殷切地沖洗
潔淨的海岸一路綿延
時間鍛鑄的石板街道很有品味
開朗柔軟的沙灘則使人流連

在人潮尚未湧現的沙灘上
我擁有布利斯班整座大海
看天看海看遙遠的天際線
沒人理睬
孤獨的人在這裡並不寂寞
風聲濤聲陸續喧騰了過來

藍天綠海白灘一彎相連的美麗
有限的視野怎能容納得了呢
如果我是一隻盤旋海上的鷹
就能用爪把滾燙的美景全都抓了
伸出手來輕輕撫弄白色的沙子
我要把這種感覺在心裡永遠擺著

一三、有文明的文化

把曾經踩下的足跡珍藏
將從前旅遊的地方存檔
彷彿記憶卡的腦際美景一幕幕
閒來就在想像裡播放
距離可以增加美感卻不是動機
陌生能夠使人好奇但無法久長
唯有文化融入文明的優雅
才能綻放人類的光芒

昨天大家一樣地過了
今天的文化各有各的面容
如果希望日後能夠好看一些
可能現在就得思考何去何從
蒙著眼睛自詡擁有的最好

虛張聲勢誇稱自己的種種
陽光普照的大地之上
太陽底下的未來絕對不相同

希臘的盛世不再但諸神依然健在
隨著時代進化才能與生活相含
什麼都拜的習俗只能當做閒聊
原汁原味的原始也許就是野蠻
要求別人保持原貌當然自私
禁錮自己不能改變則恍如自殘
歷史只是片斷的記憶而已
經文明洗禮的文化才能永遠招展

一四、臺北的迪化街

小小的街道到底藏著多少玄機呢
為何教人如此流連
走進時光彷彿停滯的這裡
他們都是祖先

古舊的一致的樓房相對壁立
鮮明的多樣的氣息迎面撲來
市井街坊的作息一年又一年
忙碌的人忙得不知今天是何時代

饕客來此大把大把地買
遊者意欲摭拾往日的足跡
先人踩過今人走過遊者踏過
熙攘的迪化街上似乎從未停息

昨日過了但昨日的一切仍在眼前
南北貨叫賣聲整天繚繞
長長的街道好像一座狹窄的櫥窗
櫥窗之外則是文明的大道

今與昔相接文明與傳統相銜
巷內的人潮巷外的車潮一片鬧熱
站在巷與道的邊線上
人於過去與現在之間拋錨了

不是桃花源卻能從容地過活
不必走出巷道即已自成格局
這一條又古老又特殊的街道
究竟還能維持到幾許

一五、俄羅斯的蜂蜜

是花木金黃色澤的香
是奶油濃郁多樣的稠
是綠茶微澀即甘的韻
是森林清新純淨的柔
我想嚐鮮的心迫不及待
然而打開的手卻因興奮而顫抖

冰雪大地也有春暖花開的時候嗎
光用想的就已令人著迷
俄羅斯罐裝的鄉野氣息
已在臺灣的唇舌之間洋溢
想像與現實很難加以區隔
就在這一罐甜美的蜂蜜裡

極地的熊像圖片一樣活潑嗎
北國的女孩像俄羅斯娃娃一樣可愛嗎
俄境的軍隊像伏特加一樣剛烈嗎
街坊的樂曲像民謠一樣動聽嗎
謎樣的想謎樣的問謎樣的難解
我的思緒有如寒冬的雪紛紛飄灑

想去湖邊與天鵝一起翩然
想縱馬馳騁於中亞的曠野
我的靈魂隨著旋律無限悠揚
芬芳的氛圍裡有我嚮往的世界
人間美好的事物比想像的還多
即使淺嚐一口也可以用詩來寫

一六、德國小鎮羅騰堡

喜歡走在寬敞的街道上
讓兩旁溫馨的燈光彩繪身影
感染一點熱鬧的氣氛
並將原本局促的視線放行
線條簡潔的店招
彷彿自牆上伸出手來隨風輕盈
恰與屋前栽植的草木相輝映
而將過往的貴客隆重歡迎

從櫥窗的擺飾欣賞店家的巧思
透過明亮的玻璃分享店內的風采
當蒸騰的咖啡自屋中嬝嬝升起
濃郁的香氣就會在街上飄散開來
潔淨的街道鋪著整齊的石板

滿是車馬磨損的舊痕沒有塵埃
樸拙的古趣幽幽的古意到處洋溢
一時齊自腳下湧了上來

倚著居高臨下的城牆
巴伐利亞的原野無限溫柔
紅瓦綠樹彼此妝點的美景
不是童話而是嚮往的出口
異鄉人走在異樣的街道上
深沉的靈魂已被美麗的景偷走
如果真有什麼遺憾
那就是滿懷無法久待的離愁

一七、在維也納的晚上

一直懸於架上的呢絨
此刻才是最好的衣服
這裡白天的氣候還很宜人
晚上一到怎麼只剩下個幾度
行人已被漆黑的夜湮沒
燈光亮麗的旅館一眼就能目睹

寬敞潔淨的街道
來往的車輛稀稀落落
兩旁櫥窗內的燈光依舊亮著
櫥內擺設的精品閃閃爍爍
好奇的人走在充滿驚奇的路上
眼睛只有一雙時常會把美景錯過

霧氣很薄並未將視線遮擋
路旁的雕像仍以最美的姿態迎客
可惜年代太久遠了
無法分享他的榮耀與喜樂
想對他唱一首歌講一段話
多情的風卻把我的聲音吹走了

不遠處廣場上的歌劇還在上演
人生的悲歡離合聲聲入於耳中
欣然來到這個遙遠的北地
為何還擺脫不了人類命運的苦痛
回頭朝著旅館的方向走去
夜已深霧更濃

一八、溪頭空中走廊上

是主角還是配角很難界定
景隨著季節依序登臺
不是跑馬燈而是萬花筒
不是閉塞的一隅而是大方地敞開
來到這裡眼睛可能會失去焦點
但失焦肯定比預期看得更精彩

滿眼金黃的銀杏已將秋天灑落
滿是楓紅的山野則正熊熊綻開
斟滿豔冶的山茶才剛躍躍欲試
綴滿粉紅的櫻花隨即紛至沓來
如對皚皚的冬雪有所期待
寒梅不久也會披上一身潔白

沒有遮擋的天是無邊的畫布
即興揮灑的人想法錚錚鏦鏦
乍看沒什麼稀奇只因漫不經心
多變的景隨時都有全新的感動
人在高與林梢齊平的空中走廊上
只有喜悅沒有驚恐

靜得彷彿已被遺忘的世界
連聲音也在森林之中迷路了
此地只有山只有樹只有林
人們為何老是前來朝聖呢
原來山不僅是山樹林不僅是樹林
抬起頭來又有一朵白雲飄過了

一九、走在哥倫比亞大冰原上

藍色的天空依然蔚藍
然而皎潔的雪已將大地取代
幾千幾萬年的冰層雖然堅硬
腳踩其上卻很不實在
人猶如進入無風的地帶一般
時空好像也已全部停擺
這裡很難想像還有翠綠的森林
北極熊卻成為聊天主要的題材

躡手躡腳地走
在彷彿即將碎裂的冰上漫行
無關喜悅也無關害怕
而是心中源源不絕的驚
明明曉得積雪已有二三百米深

還是走得戰戰兢兢
大家似乎都在等待
等待那一刻可怕的曾經

跑吧不管三七二十一
此刻德智體群美誰還放在眼前
看不到盡頭的哥倫比亞大冰原
隨時瀰漫著一股原始的莊嚴
沒有小徑沒有聲音也沒有方向
在無遮無攔的冰原上面
白色的人白色的景白色的視野
連思緒也白成一片

二〇、貝多芬二百五十週年紀念

數六十顆豆子
沖泡一杯沉思的咖啡
雖然只是短暫的休息
卻能使下一段優美的旋律起飛
淺嚐一口即有無窮的樂意
每走一步就有樂音扣人心扉
維也納森林的上空飄著音符
前來散步的人每天都有驚喜相陪

孤獨的路上並不寂寞
音樂就是最好的朋友
演奏結束熱烈的掌聲
有如澎湃的水流
即使聽在已經漸聾的耳朵裡

仍然覺得刺耳不休
如果要說人生還有什麼欠缺
給愛麗絲這首曲子只能自己保留

大家都說這是一堵難以攀越的大山
其實他是一座導引前路的燈塔
二百五十年來始終璀璨耀眼
沒有音樂的生活彷彿接受懲罰
少了貝多芬的樂壇則不知何去何從
像一地蔓長的野草沒有章法
像一條荒僻的小徑找不到出口
像一場時斷時續的雨種子無法萌發

第七章 其 他

一、美麗與煎熬

工作就是生活
每天除了工作之外還是工作
工作猶如一排細數不完的高牆
攀越一面之後又有一面等著我
人在牆內找不到出口
工作好像一條長路漫漫逴逴
任你走任你跑任你奔
盡頭從未想過

不能向上望唯恐氣餒
不要往下窺唯恐懼高

緊貼著牆不停地爬
人彷彿在牆上用腳雕鑿
步伐必須放大以免延遲
速度最好跟上以免急躁

前途一片茫然
人在路上刻刻忍受著煎熬

不准反抗不准放棄也不准逃亡
生活就得面對眼前
現實總是在短短的視距之內
而想像則常於視距之外蔓延
想像那一彎清澈的小溪
想像那一片美麗的花田
想像那一座翠綠的森林
想像那一頂蔚藍的藍天

如果是雪萊

我將請求雲雀高唱讚頌的歌曲
如果是濟慈
我將化做夜鶯分享滿心的歡愉
牆還是要攀路仍然要走
既然無從選擇就讓思想自由來去
一個生活於現實的人
卻隨時都能自現實出旅

二、文化與文明

文化是過去曾見現在還有的東西
文明則是眼前存在的現象
文化唯有融進文明之中
文化才能呈顯現代的模樣
蠶想破繭而出必須經過蛻變
蟬長蟄地下那能在枝頭打開唱腔
號稱人類遺產的文化
應該與現今的文明同向

文化沒有對錯也不分類別
它可以很原始也能很深邃
人類的生活也許不同了但痕跡還在
就像流動的河注入大海仍然是水
文明不但有是非還有高下

文明程度愈高的社會愈能作為
愈能作為的社會距離原始愈遠
就像迎著陽光的大樹每天葳蕤

過時的觀念最好清洗
不合理的論述不能只是擱著
以一個字涵蓋一切的道德只是無知
憑一種行為放諸四海簡直牽扯
這樣的時代早已過去了
從醬缸拿出自以為的文化炫耀者
對於當今什麼都有的時代
已經不再具有任何意義了

固守的成本很低代價卻很大
改變令人害怕卻是進步的一課
自我標榜的文化傳統
往往偏離文明正常的軌轍

文明只能修正卻不能漠視
選擇回頭路看不到前面的景色
連人性都會隨著時代而改易
還有什麼可以一成不變呢

開放自己接納別人
陷入泥淖的情形就能避免
拒絕進化將成為稀世的櫥窗
最後只好供人指指點點
想放棄現成生活方式的人不多
但與理性截然不同的文化表現
如果未能進入文明的渠道與時俱進
再美好的曾經也像偶然飄過的雲煙